PANTHÉON DE LA LÉGION D'HONNEUR

PAR

M. AMÉDÉE BOUDIN

A.-J. MAQUET

Officier de la Légion d'honneur

TOME II

PARIS

BUREAUX : 5, PASSAGE CHAUSSON
(Boulevard Magenta)

—

1869

A.-J. MAQUET

PANTHÉON DE LA LÉGION D'HONNEUR

PAR

M. AMÉDÉE BOUDIN

A.-J. MAQUET

Officier de la Légion d'honneur

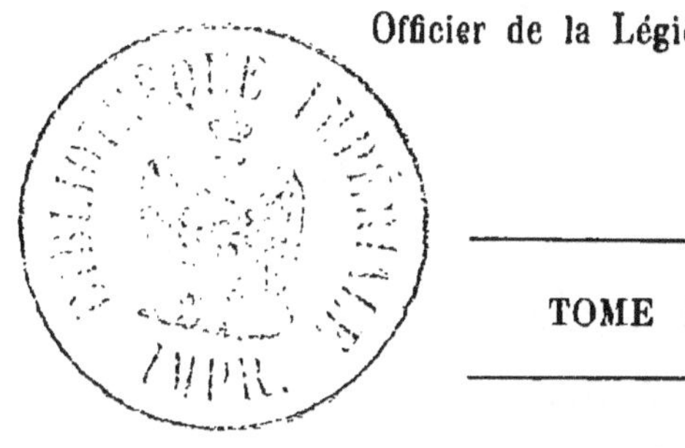

TOME II

PARIS

BUREAUX : 5, PASSAGE CHAUSSON
(Boulevard Magenta)

—

1869

A.-J. MAQUET

MAQUET (Auguste-Jules), littérateur, officier de la Légion d'honneur, né à Paris le 13 septembre 1813, a fait ses classes au collège Charlemagne, où en 1831 il fut professeur suppléant; et tous ceux qu'il eut alors pour auditeurs, ses condisciples de la veille, se souviennent encore des leçons brillantes et solides du jeune maître, historien et helléniste de premier ordre.

Mais rebuté par la morgue pédantes-
que de certains grands universitaires,
arbitres souverains alors de l'avenir des
jeunes professeurs, M. Maquet renonça
à l'enseignement pour se consacrer ex-
clusivement à la littérature, où, à force
de travail et de talent, il devait trouver
la renommée et la fortune. Lié d'une
étroite amitié avec Théophile Gautier,
Gérard de Nerval, Paul et Jules Lacroix,
les Devéria, Louis Boulanger, Dusei-
gneur, Préault, etc., élite de cette jeunesse
sérieuse qui fut la généreuse armée des
grands chefs romantiques, M. Maquet
employa ses premières années de liberté
aux fortes études de poésie et de philo-
sophie, sans lesquelles il n'y a pas de
véritable écrivain.

Il composa d'abord, notamment avec
Gérard de Nerval, quelques ouvrages ou
essais, dont les manuscrits autographes
n'ont jamais été publiés et seront, un

jour, de précieux documents pour l'histoire du mouvement et des mœurs littéraires de l'époque. L'un de ces ouvrages, un drame en un acte, en vers, « *l'Expiation*, » fut même reçu vers 1833 au théâtre de l'Odéon, par Harel, et eût été représenté, si les deux auteurs ne se fussent abstenus, par défiance d'eux-mêmes et de leur jeunesse. Les premières publications de M. Maquet furent des poésies très remarquées dans les divers journaux où elles parurent sous un pseudonyme; car l'Université ombrageuse proscrivait les vers romantiques. Ensuite, M. Maquet écrivit un drame en trois actes, en prose: « *Un Soir de carnaval*, » puis un roman historique : « *le Bonhomme Buvat*. » Le drame ayant été communiqué par Gérard de Nerval à M. Dumas, celui-ci le remania et le fit recevoir à la Renaissance, sous ce titre : « *Bathilde*, » pour les débuts d'une jeune actrice, Mlle Ida Ferrier, plus tard madame Alex. Dumas. Le roman « *le Bonhomme Buvat,* » devenu « *le Chevalier d'Harmental,* » parut sous la signature de M. Dumas dans le journal *le Siècle,* — on sait avec quel retentissement.

Un fait à remarquer, c'est cette singulière insistance du hasard à réunir deux existences qui ne se cherchaient pas, — et à accoler ces deux noms « Dumas et Maquet » désormais liés l'un à l'autre d'une façon indissoluble.

Depuis *le Chevalier d'Harmental,* en effet, M. Maquet eut une part énorme de collaboration dans l'œuvre incommensurable signée « Dumas »; lequel doit peut-être à son associé ses plus brillants succès au théâtre, — et surtout dans le roman.

Mais, en 1851, la faillite de M. Dumas au Théâtre-Historique, sur lequel reposait tout l'avenir de M. Maquet, et l'inextricable complication des comptes arriérés, amenèrent une rupture entre les deux écrivains, et **M.** Maquet s'étant vu contraint de faire reconnaître ses droits, un jugement, confirmé par un arrêt définitif, intervint (en date du 3 février 1858), pour déclarer « que *la collaboration de Maquet avait été aussi importante intellectuellement que profitable pécuniairement à son collaborateur.* » Dès lors **M.** Maquet continua de travailler seul, « avec un succès, dit **M.** Vapereau, qui a fait, depuis, défaut plus d'une fois à son ancien collaborateur. »

M. Maquet a écrit seul : *le Beau d'Angennes* (2 vol.), *Deux Trahisons* (2 vol.); une partie de l'*Histoire de la Bastille* avec **MM.** Arnoult et Alboize; — certains morceaux des *Prisons de l'Europe* avec ce dernier; — *Le Comte de Lavernie, la Belle Gabrielle, Dettes de Cœur, la*

Maison du Baigneur, *la Rose blanche*, *l'Envers et l'Endroit*, *les Vertes Feuilles*, etc.

Au théâtre, il a donné avec M. Alex. Dumas :

Les Mousquetaires, *la Reine Margot*, *le Chevalier de Maison-Rouge*, *Montecristo* en quatre soirées, *Catilina*, *la jeunesse des Mousquetaires*, *la Guerre des Femmes*, *le Chevalier d'Harmental*, *Urbain Grandier*, *le Vampire*, *la Dame de Monsoreau*, etc.

Avec M. Jules Lacroix :

Valéria, drame en cinq actes et en vers, au Théâtre-Français ; *la Fronde*, opéra en cinq actes, musique de Niedermeyer.

Seul il a fait : *le Comte de Lavernie*, *la Belle Gabrielle*, *Dettes de Cœur*, *la Maison du Baigneur*, *le Hussard de Bercheny*, drames en cinq actes.

On lui doit encore des articles, frag-
ments, nouvelles, pièces de vers, four-
nis à une foule de journaux et de revues,
et plusieurs pièces de théâtre qu'il n'a
pas signées, notamment *le Courrier de
Lyon*.

M. Auguste Maquet a été élu cinq fois
président de la commission des auteurs
et compositeurs dramatiques. — Il était
chevalier de la Légion d'honneur depuis
1853, quand il fut promu officier de
l'ordre en 1861.

10448. Paris. — Typ. Alcan-Lévy, boul. de Clichy, 62.